la vida
en el aire

Barron's Educational Series, Inc. tiene los derechos exclusivos para
distribuir esta edición en los Estados Unidos, Méjico, Centro América,
Sudamérica, el Reino Unido y Australia.

Barron's Educational Series, Inc.
250 Wireless Boulevard
Hauppauge, New York 11788

Primera edición, agosto 1987
Publicado en acuerdo con Parramón, Barcelona, España

© Parramón Ediciones, S.A.
Primera edición, Octubre 1986

Número Internacional del libro 0-8120-3867-3

Library of Congress Catalog No. 87-12453

Library of Congress Cataloging-in-Publication Data

Rius, María.
   La vida en el aire.

   (La Vida)
   Summary: A little bird is hatched, grows, and learns
to fly, an experience which shows him the rest of the
world and makes him happy. Includes factual information
on the relationship of animals and air.
   [1. Birds—Fiction.   2. Spanish language materials.]
I. Parramón, José María.   II. Title.   III. Series.
PZ73.R85   1987   [E]   87-12453
ISBN 0-8120-3867-3

Estampado en España

3   9960   987654

María Rius
Josep Mª Parramón

la vida en el aire

BARRON'S

Había una vez un huevo...

Era un huevo que estaba en un nido con otros huevos; era un nido que estaba en un árbol.

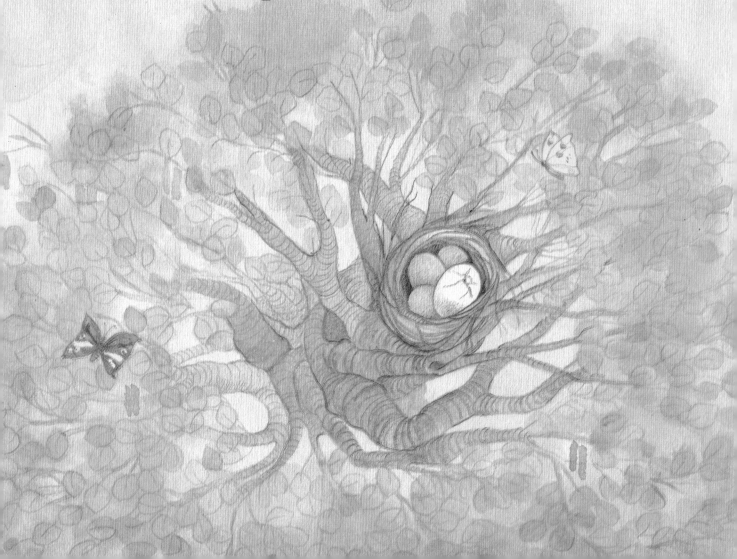

Un día el huevo empezó a
romperse por arriba.
Y nació un pajarito que empezó a
piar: ¡Pío! ¡Pío!...

Era un pajarito muy feo... ¡Ah,
pero tenía papá y mamá!
Mamá le daba de comer ¡...era tan
pequeñito!

Todos los días papá le explicaba
cosas de la vida:
¡Ten cuidado con las trampas!

¡Y aléjate de los hombres que van con una escopeta! ¡Son cazadores de pájaros!

Sus padres lo sabían todo:
—En verano la vida es más fácil:
tendrás fruta, grano y verdura, y
días de sol… ¡Y hasta los niños
jugarán contigo!

—Pero en invierno tendrás frío, no encontrarás ni fruta ni grano… ¡pero algunos niños te traerán comida!

Un día papá y mamá le enseñaron
a volar:
¿Ves? ¡Mira cómo lo hacemos!
—le decían.
Pero el pajarito tenía mucho miedo.
Vamos ¡lánzate!

Hasta que por fin se lanzó, y...
Sí, se lanzó, voló un poco y...
¡cataplum!
se cayó.

¡Ah pero antes de llegar al suelo
estiró las alas
¡y empezó a volar!

¡Fabuloso! ¡Podía verlo todo!
¡Arboles, montañas, ríos…!

¡Podía volar por el bosque y ver otros nidos y otros pájaros...!

¡Podía viajar y ver pueblos y casas y calles…

…y ciudades… y el mar!

Y entonces vio que en el cielo
había sol, nubes, pequeños pájaros
y grandes aves, mariposas,
libélulas, avispas…
¡Era fantástico!

¡ERA LA VIDA EN EL CIELO!

LA VIDA EN EL AIRE

El aire ha estado poblado desde siempre por aves e insectos. El ser humano, deseoso de imitar a la Naturaleza, se desplaza hoy volando en rápidos y potentes aviones. Gracias al perfeccionamiento de la técnica, hemos conseguido visitar el espacio y conocer sus secretos.

¿Quién vive en el aire?

Los animales y plantas, como seres vivos, necesitan del oxígeno del aire para respirar. El aire es, pues, el medio natural donde viven. Para algunos animales —como las aves o los insectos voladores— el aire es, además, el lugar habitual donde transcurre gran parte de su vida, ya que su medio de desplazamiento es el vuelo.

Las aves

Las aves son animales *ovíparos* (es decir, nacen de huevos); tienen el cuerpo recubierto de pluma, dos patas y dos alas (que les permiten volar, aunque todas pueden andar y algunas, incluso, nadar —es el caso del pato o del cisne.
Suelen alimentarse de pequeños insectos —granos y semillas—, si bien algunas aves llamadas *rapaces* (águila, gavilán buitre, etc.), comen carne de otros animales que cazan ellas mismas gracias a su vista aguda, su rápido vuelo y sus fuertes y duras garras. La forma de alimentación de cada ave incide directamente en la anatomía de su pico: es corto y fuerte cuando se trata de aves que se alimentan de grano —la gallina o la paloma, por ejemplo—, o es largo —para poder escarbar—, en las aves que se alimentan de gusanos (como el colibrí).
El hombre cuenta con un buen número de aves para su uso doméstico. La gallina, por ejemplo, nos proporciona huevos con que alimentarnos; el pavo o el pato poseen una carne muy sabrosa y apreciada; el canario o las *prensoras* (loro, cotorra), son excelentes animales de compañía y alegran nuestros hogares con sus trinos y su bello colorido...

Los insectos

Son el grupo más numerosos de todo el reino animal y muchos de ellos disponen de unas finas alas que les permiten volar. De esta forma, se integran por derecho propio como miembros del mundo aéreo. Algunos insectos —como la mariposa—, reflejan todo el encanto polícromo de la Naturaleza en el singular colorido de sus alas.

El hombre y el aire

El ser humano ha querido volar desde que dio sus primeros pasos en la Tierra. Desde el mito de Icaro, hasta el diseño volador de Leonardo da Vinci —en el siglo XV—, desde los antiguos globos aerostáticos y dirigibles, hasta la moderna "ala Delta", el hombre ha intentado, por cualquier sistema a su alcance, elevarse del suelo. La proeza no se logró hasta comienzos del siglo XX, cuando los hermanos Wrigt escribieron las primeras páginas en la historia de la aviación. Hoy, grandes y potentes aparatos —como el avión Concorde o el Jumbo—, surcan el aire reduciendo las distancias y transformando al ser humano en un habitante más del espacio aéreo. Ahora, el antiguo sueño de volar es ya una realidad; los avances tecnológicos nos permiten elevar el vuelo hasta alturas insospechadas. La ingeniería aero-espacial es una de las bazas más importantes en nuestro futuro.